Pedro Calderón de la Barca

La protestación
de la Fe

Barcelona **2024**
Linkgua-ediciones.com

Créditos

Título original: La protestación de la Fe.

© 2024, Red ediciones S.L.

e-mail: info@Linkgua-ediciones.com

Diseño de cubierta: Michel Mallard.

ISBN tapa dura: 978-84-1126-001-5.
ISBN rústica: 978-84-9816-460-2.
ISBN ebook: 978-84-9953-247-9.

Sumario

Brevísima presentación

La vida

Pedro Calderón de la Barca (Madrid, 1600-Madrid, 1681). España.

Su padre era noble y escribano en el consejo de hacienda del rey. Se educó en el colegio imperial de los jesuitas y más tarde entró en las universidades de Alcalá y Salamanca, aunque no se sabe si llegó a graduarse.

Tuvo una juventud turbulenta. Incluso se le acusa de la muerte de algunos de sus enemigos. En 1621 se negó a ser sacerdote, y poco después, en 1623, empezó a escribir y estrenar obras de teatro. Escribió más de ciento veinte, otra docena larga en colaboración y alrededor de setenta autos sacramentales. Sus primeros estrenos fueron en corrales.

Entre 1635 y 1637, Calderón de la Barca fue nombrado caballero de la Orden de Santiago. Por entonces publicó veinticuatro comedias en dos volúmenes y *La vida es sueño* (1636), su obra más célebre. En la década siguiente vivió en Cataluña y, entre 1640 y 1642, combatió con las tropas castellanas. Sin embargo, su salud se quebrantó y abandonó la vida militar. Entre 1647 y 1649 la muerte de la reina y después la del príncipe heredero provocaron el cierre de los teatros, por lo que Calderón tuvo que limitarse a escribir autos sacramentales.

Calderón murió mientras trabajaba en una comedia dedicada a la reina María Luisa, mujer de Carlos II el Hechizado. Su hermano José, hombre pendenciero, fue uno de sus editores más fieles.

Personajes

La Herejía
Brazo Seglar
Brazo Eclesiástico
Un Etíope
San Felipe
La Sabiduría
La Religión
La Fe
La Penitencia
La Oración
La Reina Cristina
Soldados
Músicos

Auto sacramental

Suena dentro la música, y sale oyéndola la Herejía vestido de marinero, con un pedazo de remo en la mano.

Músicos	Venid, venid a la fiesta	
	que hace la Iglesia este día,	
	que ya la Sabiduría	
	os tiene la mesa puesta.	

Herejía	¿Qué cláusulas son suaves	5
	las que en ritmos diFerentes	
	al prado entonan las fuentes,	
	al aire trinan las aves,	
	que ya dulces y ya graves	
	convidan con la alegría	10
	de su métrica armonía,	
	diciendo por la floresta:	

Músicos	Venid, venid a la fiesta
	que hace la Iglesia este día.

Herejía	Porque aunque llego a escuchar	15
	que es a la fiesta que hace	
	la Iglesia, no satisface	
	a mi razón de dudar,	
	si paso a considerar,	
	que con la media respuesta	20
	se queda el eco, pues resta	
	saber por qué añadiría...	

Músicos	Que ya la Sabiduría
	os tiene la mesa puesta.

Herejía	Dulce misterioso acento,	25
	ya que disuenes veloz,	
	no des al viento la voz,	
	o dale el sentido al viento.	
	Sepa, pues, mi pensamiento,	
	qué fiesta y qué mesa es ésta.	30
Músicos	Venid, venid a la fiesta	
	que hace la Iglesia este día,	
	que ya la Sabiduría	
	os tiene la mesa puesta.	
Herejía	Aun no bien me responde;	35
	la voz permite y el misterio esconde.	
	Pero, ¿qué es lo que veo	
	de un deseo pasando a otro deseo?	
	Ya de la vista ha sido	
	la duda, que antes era del oído.	40
	¿Qué fábrica es aquélla	
	que en los dorados campos del oriente	
	empina al orbe de zafir la frente,	
	y altivamente bella,	
	desde esa cima a la mayor estrella	45
	tanto piramidal aguja sube,	
	que empieza monte y se remata nube,	
	de la inFerior y superior esFera	
	los extremos tocando, de manera	
	que la más perspicaz vista no atiende	50
	si desciende del Sol, o al Sol asciende?	
	Y es verdad, pues a un viso	
	las señas me parece que diviso	
	de la nueva Sión, cuyo modelo	
	vio el águila de Juan bajar del cielo.	55
	Díganlo doce puertas,	

a doce vientos todas doce abiertas,
cuyas láminas bellas,
no sin luciente emulación de estrellas,
de rubíes adornan sus espacios, 60
crisólitos, diamantes y topacios;
bien como allá, costosamente hermosa,
a ver su Amante descendió la Esposa.
Y a otro viso, que veo me parece
la no nueva Sión, que al mundo ofrece, 65
para vivir sin noche, eterno el día
en los Proverbios la Sabiduría.
O dígalo también, que en sí elevada,
sobre siete colunas fabricada,
es sola una coluna, 70
en quien estriba el orbe de la Luna.
¡Oh tú, ya seas la Sión triunfante,
o ya la militante
Roma, que haces en estos horizontes
siete colunas de tus siete montes!, 75
merezca un peregrino
(que a robar del Ofir la flota vino
desde la oscura Corte
que ven sin rey los piélagos del Norte,
cuya angélica turba, amotinada, 80
ánglica se apellida, sincopada
la voz, conque un sentido,
angélica, o ánglica han tenido);
merezca, pues, un argonauta isleño
(que del mar derrotado 85
a tus sacros umbrales ha llegado),
saber quién es de tu edificio dueño.
Mas, ¡ay! como el empeño
no dudo, y atrevido,
oso decir quien soy, habiendo oído 90

cuán sonoramente pía
dice en su primer propuesta:

Músicos   Venid, venid a la fiesta
                 que hace la Iglesia este día.

Herejía   Pero en vano es la duda,   95
                 pues la ruina del mar mi intento ayuda.
                 Y así, llegar no temo,
                 que de pirata me desmiente el remo
                 bordón, que en estos páramos me ha dado
                 señas de peregrino y de forzado,   100
                 sin que descubra la derrota mía,
                 que soy la Religión de la Herejía,
                 apóstata primero
                 de aquel gran Sol de quien nací lucero.
                 ¡Ah de este nuevo templo de la fama!   105

Sabiduría   Abrid, abrid las puertas a quien llama,
                 sea quien fuere, pues a esta
                 parte el escuchar le guía.

(Salen cantando la Fe con su cruz, la Oración con un instrumento, la Religión
con un incensario, la Penitencia con una fuente, y en ella una camisa de
velillo blanco con muchas flores, y detrás, la Sabiduría con un penacho de
plumas de diversos colores: pajizos, azules, verdes, carmesíes y blancos.)

Ellas y Músicos Que ya la Sabiduría
                 le tiene la mesa puesta.   110
                 Venid, venid a la fiesta
                 que hace la Iglesia este día,
                 que ya la Sabiduría
                 os tiene la mesa puesta.

Herejía	Hermosísima deidad,	115
	de estos montes y estas selvas	
	que haces que en tu Sol el Sol	
	segunda vez amanezca,	
	¿quién eres, que de esas cinco	
	colores las rizas trenzas	120
	coronas de tu tocado?	
	¿Quién eres, que de tan nuevas	
	hermosuras asistido	
	te avienes con todas ellas,	
	bien como la blanca rosa	125
	que en montes y valles reina	
	con el vulgo de las flores?	
	¿Quién eres, que de esa excelsa	
	fábrica te aplaudes dueño,	
	y perdona a la rudeza	130
	de un náufrago marinero	
	(que aquí arrojó la tormenta)	
	ignorarte, e ignorar	
	qué voz, casa y tropa es ésta.	
	Conque a un tiempo dos sentidos	135
	admiras y lisonjeas,	
	tanto que, absorto no sabe	
	saludar a tu belleza,	
	porque, elevado el oído,	
	porque la vista suspensa,	140
	se han levantado con todos	
	los oficios de la lengua.	
Sabiduría	Derrotado peregrino,	
	quienquiera que fueres seas,	
	porque de lo oculto no	145
	toca juzgar a la Iglesia,	
	¿quién soy, preguntas? ¿Qué alcázar	

éste? ¿Qué cinco diversas
colores las de estas plumas?
¿Qué hermosa familia bella,   150
la de estas damas?, y en fin,
¿qué casa, música y mesa
la que prevengo? Y aunque
culpa el dudarlo parezca,
ya el querer saberlo basta   155
para remitir la ofensa,
pues entre el que ignora y sabe,
solo halló una diferencia
el Eclesiastés, diciendo:
«que el que sabe, en la derecha   160
mano tiene el corazón,
y el que no sabe, en la izquierda»,
dando a entender que del alma
igual es la suficiencia,
sino que la ponen unos   165
donde pueden usar de ella
ágilmente; y otros donde
se la embarga la pereza
del poco uso. Y así, aunque hoy
tú traigas en la siniestra   170
mano el corazón, podrás,
como a mis voces atiendas,
a la derecha pasarle.
Y porque mejor lo veas,
he de responderte a todo,   175
que en tan sagradas materias
ya el conFesar ignorarlas
es empezar a saberlas.
Yo soy del Eterno Padre
una substancia, a su esencia   180
tan una, que soy como ...l,

sin fin ni principio; eterna
en su Mente estoy. Y como
al Hijo en su Mente engendra,
soy atributo del Hijo,   185
y para más excelencia
soy del Espíritu Santo
noble don, como Job muestra
y Salomón lo publica,
cuando pide que yo sea   190
la dádiva liberal
de su mano. De manera
que en la comunicación
de Personas, dando en ellas
al Espíritu el amor,   195
al Padre, la omnipotencia
y la sabiduría al Hijo,
vengo yo a ser, por ser ésta,
de uno, palabra y concepto,
de otro, don, de otro, riqueza   200
en la ley del evangelio;
escondida a las primeras
leyes y solo enseñada
en sombras a los proFetas.
Las plumas de mi tocado   205
son aquí exteriores muestras
que solo dicen lo real
de mi física presencia,
significándome aquí
para que mejor me entiendas,   210
la docta universidad
de la Ciencia de las Ciencias;
el Altísimo crió
la medicina, y por ella
me adorna, entre esotras flores   215

la pajiza, macilenta
color, porque con la muerte
a cada paso se encuentra.
La azul, que es color de cielo,
la filosofía ostenta,   220
porque en el cielo la hallaron
el desvelo y la agudeza
de los que en él aprendieron
aquella Causa Primera
de las causas, alma y vida   225
de la gran naturaleza.
De los Cánones Sagrados,
la verde en mí representa
la católica esperanza
que los pontífices muestran,   230
de que todo el universo
ha de estar a su obediencia,
cuando a un redil y a un rebaño
se reduzcan las ovejas.
La carmesí, que es color   235
de la justicia severa,
es divisa de las leyes
a que humildes y sujetas,
las repúblicas están
políticamente atentas.   240
En la sacra teología
la blanca color demuestra
de su docta facultad
el candor y la pureza
(quien tiene a Dios por objeto,   245
¿qué esplendor hay que no tenga?)
Hasta aquí he dicho quién soy,
y habiendo asentado aquella
proposición en que dije

que era tesoro y riqueza 250
de la ley del evangelio,
de quien el Hijo es cabeza,
encarnado Verbo en una
Virgen Madre, tan perFecta
que sin contagio de culpa 255
concibió y parió doncella,
siempre intacta y siempre virgen.
Bien excusarme pudiera
de decirte lo demás,
pues que lo demás se encierra 260
en que yo, como atributo
suyo, liberal pretenda
que su evangélica ley
a todo el mundo se extienda.
A este fin labré esta casa, 265
no solo para que en ella
se alberguen los peregrinos,
mas para que mi grandeza
conste a todos los mortales;
para una espléndida cena 270
los voy convidando a todos,
y traduciendo a la letra
el lugar de los Proverbios,
fundé su fábrica inmensa
en siete hermosas colunas 275
que son, según interpretan
sacros doctores, los siete
sacramentos de la Iglesia.
Doce apóstoles no digo
que son esas doce puertas, 280
a cuyo fin, guarnecidas
están de labradas piedras;
Juan lo dirá, y voy a que

después que yo ofrecí en ella
víctimas y que mezclé   285
el vino y puse en la mesa
el pan, desde el menor llamo
al mayor (¡ah, cuántos yerran
de este humano laberinto
las siempre intrincadas sendas   290
de la vida y de la muerte!),
sonando en voces diversas
el real convite por todos
los ámbitos de la tierra,
desde donde el Sol madruga   295
hasta donde el Sol se acuesta.
La familia de mis damas,
que también el texto alega,
son las Virtudes, de quien
la Fe, en todo la primera   300
(sin otras muchas, que ahora
en sus ejercicios quedan)
es la que sirve la copa.
La que se sigue tras ella
con el sonoro instrumento,   305
es la Oración que penetra
los cielos con su armonía,
siendo sus voces las cuerdas,
la Católica Romana
Religión es la que maestra   310
la significa el incienso
de las ceremonias nuestras.
La Penitencia, la ropa
nupcial trae, porque el que venga
del camino de la vida   315
con el polvo de su misma
miseria humana, no llegue

sucio a sentarse a la mesa.
Conque, habiendo respondido
a todas tus dudas, resta   320
que entres donde renovando
la túnica, como cuerda
sierpe, la cándida veste
te ponga la Penitencia;
la Oración te dé sus voces;   325
la Religión su obediencia;
y finalmente, la Fe
te dé la real asistencia
de Cristo sacramentado
en la blanca, pura y tersa   330
hostia del pan y del vino,
que mezclé con agua en muestra
de que están en él divina
y humana naturaleza,
siendo sangre el vino, el pan   335
carne, y...

Herejía   No prosigas; cesa,
que primero que yo escuche
(mira qué será que crea)
la real asistencia de ese
sacramento, ni que pueda   340
ser carne el pan, sangre el vino,
verás presidir la negra
noche al día, poseídas
las luces de las tinieblas;
y no solo en no creerlo   345
ha de parar mi soberbia,
pero aunque ahora derrotado
del mar tu beldad me vea,
sin el logro de robar

las auxiliares riquezas   350
que a la católica curia
envía la Providencia
de otro mundo, volveré
donde, cobradas las fuerzas,
no solo con nueva armada,   355
inFeste de tus riberas
católicos mares, pero
tomando en tus tierras tierra,
de que la Isla de Domingo
será mi invasión primera,   360
arrancaré de su centro
las siete colunas bellas
porque todo el edificio
desplomado al suelo venga.

Sabiduría   Ya te he conocido, y no   365
                 podrás, aunque eres la fiera
                 del mar que vio Juan, por quien
                 dijo el salmista que eran
                 las aguas tribulaciones,
                 hacer que zozobre en ellas   370
                 la hermosa nave mía, pues
                 cuando más sus ondas muevas,
                 harás que tormenta corra,
                 no que la hunda la tormenta,
                 pues no la faltará puerto   375
                 donde triunfante parezca.
                 Y si a la Isla de Domingo
                 fueres, ella hará que veas
                 que el tribunal de la Fe
                 la Isla de Domingo alberga,   380
                 cuando huyendo de sus armas
                 al mar rechazado vuelvas.

Herejía	Rey soy del norte, y el Anglia,	
	corte mía, hará en tu ofensa,	
	desde donde el océano	385
	acaba, el Báltico empieza,	
	bajando a Suecia y Gocia,	
	Moscovia, Rusia y Noruega,	
	conFederada alianza	
	con cuantas provincias cerca	390
	el mar del Septentrión,	
	donde hoy coronada reina	
	de Luter la reformada	
	religión, aunque parezca	
	aFectada liga; pues	395
	para hacerte a ti la guerra,	
	¡qué más poder, qué más armas,	
	que aquella beldad, que aquella	
	heroica heredera, hija	
	del que en la más dura guerra	400
	que vio del Sol la campaña,	
	murió, sin que borrar pueda	
	lo grande de la osadía,	
	lo inFeliz de la tragedia?	
	Aquella, pues, o Cristina	405
	se llame, o Cristiana, en prueba	
	de que aunque admite el bautismo,	
	otros sacramentos niega,	
	mayormente el de ese pan.	
	Y para que te estremezca	410
	su nombre, vuelvo a decir,	
	¿qué más armas, qué más fuerzas	
	ha menester la Herejía,	
	porque otra mujer te venza,	
	que tener por reina suya	415

a Cristina de Suecia?

Sabiduría   Quizá Cristina, que el nombre
hoy imperFecto conserva
de cristiana, mal viciado
por la falta de una letra,   420
(siendo la A la que falta,
que es la Alfa en frase griega,
significación de Dios,
pues Dios es Alfa y Omega)
podrá ser que se la añada   425
algún día y que a ser venga
cristiana perFectamente
quien hoy lo es mente imperFecta.

Herejía   ¿Cómo ha de serlo si docta
desde su niñez se emplea   430
en los sutiles estudios
de la gran religión nuestra?
A cuyo fin, para solo
refutarlos, son el tema
de sus desvelos los Padres   435
que acá llamáis de la Iglesia.

Sabiduría   En eso está mi esperanza.
Si estudia, fuerza es que sepa,
y quien sabe, el bien y el mal
también distinguir es fuerza.   440

Herejía   ¿Cómo ha de darse al partido
de tu Fe, cuando eso sea,
si sin protestar la suya
ninguno en su reino reina?

Sabiduría	La política de Dios	445
	es filosofía discreta,	
	que sabe que solo goza	
	imperios quien los desprecia.	
Herejía	En su espíritu no cabe	
	no mandar; tan bien maneja	450
	la espada como la pluma.	
Sabiduría	Huélgome de que le tenga	
	porque cosas grandes, no	
	sin espíritu se intentan.	
Herejía	Ella es sabia y es altiva.	455
Sabiduría	Ahí están mis conveniencias.	
Herejía	¿Cómo?	
Sabiduría	En buscarme, si es sabia.	
Herejía	¿Si altiva?	
Sabiduría	En que se resuelva.	
Herejía	Vive con esa esperanza	
	mientras yo vivo con esta	460
	posesión; y pues la tengo	
	en mi poder, iré a hacerla	
	acuerdos de que homicida	
	fuiste de su padre.	
Sabiduría	Esa	
	razón milita por mí.	465

Herejía	¿Por qué?
Sabiduría	Porque verá en ella...
Herejía	¿Qué?
Sabiduría	Que no pelea dichoso...
Herejía	¿Quién?
Sabiduría	Quien contra Dios pelea.
Herejía	Ella (volviendo al asunto) no ha de sentarse a la mesa 470

(Vase.)

Sabiduría	Suyo es su albedrío, mas yo la convidaré con ella. Y pues (volviendo al asunto) dice del Texto la letra que envió la Sabiduría 475 por el orbe sus doncellas a llamar los convidados, parte al Asia, Penitencia, y al Judaísmo convida, que allí forajido alberga. 480 Dile que de su delito la haga, y contigo se venga. Tú, Oración, a ifrica parte y de aquel falso proFeta la secta convida, que 485 a nadie mi amor exceta.

Tú, Fe, a la América pasa,
y a la Gentilidad lleva
tu luz. Y tú, Religión
Católica, pues te quedas   490
en Europa, sus provincias
discurre; hallarás en ellas
las que el Héspero corona,
por quien España la Hesperia
hoy se intitula, regida   495
del domador de las fieras,
que quiere decir Felipe.
Dile que pues es herencia
del Austria este sacramento,
que te dé sus asistencias,   500
y con ellas transcendiendo,
al septentrión no vuelvas
sin dar noticias de ti
a Cristina de Suecia.

Religión   Católica Religión   505
                  soy, alada inteligencia,
                  y así, elevada en el viento,
                  penetrando iré su esFera.

Oración   Yo transcendiendo veloz
                  del mar las cerúleas selvas.   510

Fe   Rayo es la Fe, y así el fuego
                  hoy su actividad me presta.

Penitencia   Y a mí me da franco paso
                  en sus límites la tierra.

Sabiduría   Pues decid todas a un tiempo,   515

| | para que todos atiendan | |
| | y nadie alegue ignorancia... | |

Música   Venid, venid a la fiesta
             que hace la Iglesia este día.

Sabiduría   Y añadid, porque lo sepan   520
             en América, ífrica, Asia
             y Europa, Judaísmo, Secta,
             Gentilidad y Herejía,
             por mar, aire, fuego y tierra...

Músicos   Que ya la Sabiduría   525
             les tiene la mesa puesta.

(Vanse. Tócanse cajas y trompetas, y salen los Soldados que las tienen, y detrás, Cristina, vestida de corto, armada. Y como lo dicen los versos, se va desarmando, recibiendo plumas, espada, y bengala en fuentes de plata.)

Cristina   Ya que de mi pupilar
             edad el tiempo pasó,
             y que Suecia me dio
             posesión en tierra y mar;   530
             ya que llegué a escarmentar
             a quien negarme presuma
             la obediencia; y ya que en suma
             Feliz reino, vea la aurora
             que ha de ser, tomando ora   535
             la espada y ora la pluma,
             y así el arnés me quitad,
             y al tiempo que despojada
             de él, de bengala y espada,
             vuelvo a la tranquilidad,   540
             esos libros me llegad

(Llegan una mesa con libros, recado de escribir, y una silla.)

> que en las lides que he tenido,
> mudos clarines han sido,
> que informando al corazón
> de que letras y armas son   545
> los polos que han mantenido
> la máquina del reinar,
> me han ayudado a vencer,
> pues no menos el poder
> estriba en la singular   550
> toga, que en la militar
> túnica de Marte.

Soldado I   En esta
mesa están.

Cristina   Idos; molesta
me es cualquiera compañía.

(Siéntase y lee.)

Soldado I   Lee, pues la Sabiduría   555
te tiene la mesa puesta.

Músicos   Lee, pues la Sabiduría
te tiene la mesa puesta.

Cristina   ¿Qué interior música ha sido
(que la escucho y no la veo)   560
la que siempre que algo leo
me está sonando al oído,
cuya ilusión ha podido

mi espíritu arrebatar,
tanto que, llegando a dar   565
toda la rienda al cuidado
de saber, casi he llegado
a aborrecer el reinar?
Y más cuando el genio mío,
inclinándome a este fin,   570

(Mira el libro.)   encuentra con Agustín
en lo del libre albedrío,
adonde en vano porfío
saber la definición
de la predestinación,   575
pues aunque aquí la defina,

(Lee.)   «De la voluntad divina
es por Gracia una elección»,

(Abre en otra parte del libro.)

y aquí: «Que en conocimiento
está Dios de la futura   580
beatitud de la criatura
racional», en vano intento
convencer un argumento
que a mí misma me hago yo.
Si Dios me predestinó,   585
¿como estoy tan mal hallada
en la Fe en que fui criada?
¿Para qué este fin, que dio
motivos al docto empleo
de la sagrada lección,   590
que ha sido mi inclinación?
¿Para qué en cierto deseo,
que le dudo y que le creo,

consulté a España, a quien hoy
plática de paces doy? 595
Y aunque en odio de mi ley
haya ya escrito a su rey,
y si elegida no soy,
¿cómo ha de tomar de mí
satisfacción de que erré, 600
si de mi parte guardé
los ritos en que nací?

(Abre en otra parte.) Mas, iay!, que también aquí
da razón con que me quita
la duda y la facilita, 605
pues dice con cuerdo aviso:

(Lee.) «Llamó Dios a los que quiso
con clemencia gratuita.»
¿Gracia es? Luego bien se infiere
que en el mérito no esté, 610
y que a quien quiere la dé,
porque quiere y cuando quiere;
y así en su piedad espere
que dármela a mí querrá.

(Cierra el libro.) Conque, dejándole allá, 615
sin que yo con Dios arguya,
que use de ella, pues es suya,

(Recuéstase sobre la mano.)

paso a pensar ¿qué será
sentir un auxilio cuando
Dios le envía? iOh, si yo fuera 620
tan Feliz que mereciera

29

(Durmiendo y despertando.)

mi discurso iluminando
ver algún rasgo, mostrando
cómo instruye y cómo advierte!
Pero, iqué letargo fuerte   625
me da cuando ver querría
de qué suerte Dios envía
un auxilio!

(Ábrese la nube y se ve en ella un Etíope vestido de indio, ricamente adere-
zado, sentado en una peña leyendo en un libro.)

Etíope   De esta suerte
                  el día me ha de coger
                  y la noche me ha de hallar,   630
                  hasta que llegue a apurar,
                  hasta que llegue a saber,
                  a penetrar y entender
                  este lugar de Isaías.

Cristina (En sueños.)   Aparentes fantasías,
                  635
                  ¿un etíope leyendo
                  me enseñáis? No, no os entiendo.

Etíope   Atiende a las voces mías,
                  Causa de Causas, y no
                  te niegues a mi deseo,   640
                  pues es justo. Esto que leo,
                  ¿quién me lo explicará?

(Sale por detrás de la nube Felipe, en lo alto, vestido de apóstol.)

Felipe	Yo, pues a este fin me inspiró Dios que a este lugar viniese.
Etíope	¿Quién eres, y quién es ese 645 Dios que te envía?
Felipe	Yo soy Felipe, y el Dios que hoy me trujo a que te instruyese, el verdadero Mesías, cuya doctrina aprendí; 650 qué quieres saber me di.

(Siéntase con él.)

Etíope	Este lugar de Isaías.
Cristina	¿Maestro a quien estudia envías, gran Dios?
Felipe	Ya el lugar espero ver cuál es.
Etíope	Leértele quiero 655 por si de él me das indicio.
(Lee.)	«Como oveja al sacrificio, como al esquilmo el cordero fue llevado, sin abrir la boca al menor balido 660 ni dar un solo gemido, sabiendo que iba a morir.»

¿De qué proFeta inFerir
debo esto?

Felipe   Del Inmolado
                   Cordero Sacrificado,   665
                   para dar al mundo luz
                   en el ara de la cruz.

Felipe   ¿Dónde está?

Felipe   Sacramentado
                   en el ara del altar.

Etíope   ¿Como?

Felipe   Con Real Asistencia,   670
                   Presencia, Esencia y Potencia.

Etíope   Dime, ¿y podréle yo hallar?

Felipe   Sí.

Etíope   ¿En qué parte o lugar?

(Levántase.)

Felipe   En aquella fuente, en cuanto,
                   pues no basta la del llanto,   675
                   vayas a ella, y yo te dé,
                   más industriado en la Fe,
                   agua de Espíritu Santo.
(A Cristina.)   Ven, y tú la dicha espera,
                   pues lees, y discursos haces   680
                   del eunuco de Candaces.

(Ciérrase la nube, y despierta Cristina.)

Cristina   Oye, aguarda, no ligera
                  te devanezca la esFera
                  del aire o nube, que hermosa
                  tanto como misteriosa   685
                  vas desplegando a tu fin
                  entre rasgos de carmín
                  hojas de jazmín y rosa.
                  Mas, ¿con quién hablo? ¡Qué raro
                  sueño! Pero si me halló,   690
                  deseando saber yo,
                  qué es auxilio, ¿en qué reparo,
                  ni qué admiro? Pues es claro
                  que habiendo yo antes leído
                  esto en los libros, no ha sido   695
                  mucho, que en Fe del empeño
                  con que me dormí, haya el sueño
                  de los auxilios traído
                  sombras a la fantasía,
                  y que ésta a otras se anticipe.   700

(Sale un Soldado.)

Soldado   El católico Felipe
                  un embajador te envía.

Cristina   Cuando estoy leyendo ¿es cuando
                  leyendo a un gentil atiendo?
                  Si discurro, ¿discurriendo?,   705
                  si pregunto, ¿preguntando?
                  Misterios voy cotejando,
                  y no el menor que a él y a mí

busque un Felipe, y pues vi
que a él luz sus auxilios den,   710
alma, ¡albricias! que también
hay Felipe para ti.
Decidle que entre.

(Salen el Brazo Seglar con hábito de Santiago, el Eclesiástico, de español, también con un báculo de oliva, y en el remate, un escudo de las armas de Santo Domingo, y en medio de los dos, la Religión.)

Seglar   A tus reales
                plantas (¡oh hermosa Cristina
                cuyo nombre de cristiana   715
                ni te niega ni te afirma!)
                Feliz un embajador
                llega, en Fe de quien le envía,
                representando por él
                aquí su persona misma.   720
                El rey, pues, de la austrial parte,
                estación del mediodía,
                por ser la que con más luz
                alumbra el Sol de Justicia,
                de cuyos altos reflejos   725
                tantos lustres participa,
                que hasta ser cuarto y ser grande,
                si no le iguala, le imita;
                salud y gracia por mí
                te da. Y aunque gracia diga,   730
                y salud, no yerro, pues
                esta carta lo confirma
                de creencia. Y siendo así,
                la consecuencia es precisa,
                pues donde está la creencia,   735
                la gracia y salud se cifran.

34

	La paz contigo desea	
	cuyas condiciones libra	
	al pliego en que tú su buena	
	Fe verás, como la admitas.	740

Cristina   Alzad del suelo, que ya
              os entiendo, y recibida
              la carta, con toda aquella
              reverencia al dueño digna,
              en mi cabeza la pongo.   745

(Besa la carta, y ve a la Religión con algún espanto.)

              ¿Quién viene en vuestra familia?

Seglar   A quien de parte de España
              viene, y a quien acredita
              la roja espada Diego
              con su generosa insignia   750
              por Brazo Seglar, de aquella
              Fe que en la edad primitiva
              de la Iglesia a España trujo,
              ¿quién queréis vos que le asista
              si no es la Religión   755
              Católica?

Cristina   ¿Qué os admira
              no conocerla?

Religión   Aun por eso
              solicitaron mis dichas
              venir donde la mayor
              es ser de vos conocida.   760
              Y puesto que iguales corren

las dos paralelas líneas
de las dos luces, que hacen
lo real y la alegoría,
en la embajada de España   765
vengo oculta y escondida
a convidaros de parte
de la gran Sabiduría
a una cena que en su grande
hermosa fábrica rica   770
hace, para cuyas fiestas
todas las leyes convida
con el vino que mezcló
y el pan, que puso en la limpia
mesa, de quien testimonio   775
dará quien todos los signa.

(Señala al Eclesiástico.)

Cristina   ¿Quién sois?

Eclesiástico   Quien por secretario
                  de aquesta embajada envía
                  la Sabiduría del rey
                  que más tu amistad estima.   780
                  En mi báculo esta cruz
                  (siendo su vara una oliva)
                  bien Eclesiástico Brazo
                  de su Fe me significa,
                  y su secretario, pues   785
                  de la legalidad mía
                  el poder conFesarás
                  si tus secretos me fías.

Cristina   ¿Cómo os llamáis?

Eclesiástico	Juan, que en esto	
	aun también corre el enigma	790
	de ser Juan el secretario.	
Cristina	¿Y a mí esa Verdad Divina	
	para su fiesta me llama?	
Eclesiástico	Y ser fiesta lo acredita	
	la orden que traigo en el pecho.	795
Cristina	¿Qué orden?	
Eclesiástico	Aunque no la diga,	
	baste saber.	
Cristina	¿Qué?	
Eclesiástico	Que es fiesta.	
Cristina	¿Cómo?	
Eclesiástico	Como es dominica.	
Cristina	También os entiendo a vos,	
	y para salir de cifras	800
	de dos sombras a dos luces,	
	dígalo la carta misma.	
(Lee.)	«Dame Vuestra Majestad	
	parte de cuánto la instan	
	doctos motivos a que	805
	la Fe Católica admita.	
	Yo (de parte de Dios antes,	
	y después de parte mía),	

la doy las gracias. Y puesto
que para que lo consiga   810
es fuerza que de su patria
salga, y del reino desista,
pues de declararse en él
sus repúblicas peligran,
y aunque su vida no tema,   815
es bien temer otras vidas,
lo que la puedo ofrecer
en toda mi monarquía
es el reino que en España
o Flandes, o Italia elija,   820
adonde la pareciere
que más a su gusto viva,
de que desde luego la hago
donación. Y si por dicha
cosas tan grandes, que no   825
suelen obrarse escondidas,
se saben, y su persona
de mis armas necesita,
aunque hoy dentro de mi casa
tantos contrarios me aflijan,   830
lo dejaré todo en manos
de Dios y con una pica,
cuando otros medios no hubiera,
fuera en persona a asistirla.
Felipe, su más aFecto   835
servidor». ¡Oh carta digna
que en corazones, que son
más que los bronces, se imprima!
Ya con este aliento, ¿qué
esperan las ansias mías   840
que no se declaran? Pero,
su aFecto el alma reprima

	hasta mejor ocasión.	
	Tú, Católica divina	
	Religión, vuelve a esperarme;	845
	no el ser aquí conocida	
	atrase nuestros intentos,	
	y di a esa Virtud invicta	
	que ya voy a su banquete,	
	y que ir tú delante indicia	850
	el que yo a buscarte vaya.	
([Al Seglar.])	Tú ve donde al Rey escribas	
	que su piedad y su celo,	
	su Fe y su galantería	
	y su generosidad,	855
	son hoy las que más animan	
	mi resolución, que presto	
	iré, no a que en sus provincias	
	ninguna me admita reina,	
	huéspeda basta me admita.	860
([Al Eclesiástico.])	Tú vuelve a verme después,	
	ya que este disfraz te libra	
	de ser conocido, donde	
	mis ceguedades antiguas	
	absuelvas con tus verdades,	865
	pues el orden te acredita	
	que oculto traes, de que sabio	
	me iluminen tus noticias.	

Religión   Contenta con esta nueva
             vuelvo.

(Vase.)

Seglar	Yo con esta dicha	870
	Felice voy.	

(Vase.)

Eclesiástico   Y yo ufano
de que en tan gran acción sirva.

(Vase.)

Cristina   Ea, soberano auxilio,
dame tu luz, no se diga
que un etíope bozal,   875
eunuco de una etiopisa,
reina de Oriente, que quiso
saber, supo con más dicha
aprovecharse que yo,
y más teniendo a la mira   880
de un Felipe, otro. ¿Qué espera,
pues, mi voz que no publica
mi resolución a voces?
Mas segunda vez reprima
el aFecto que me inflama   885
la vocación que me inspira,
hasta que, dando color
a causas que me motivan
para retirarme, el reino
renuncie en quien de justicia   890
natural toca; y nombrando
para mi albergue una isla,
la nave en que vaya tuerza
a sus guiñadas la vira
y en Alemania la proa   895
victoriosa y fugitiva,
surque católicos mares
tomando la travesía

por Flandes, después a Italia,
hasta llegar a la silla   900
donde me llama a su mesa
la Eterna Sabiduría;
que aunque el corazón España
con sus aFectos me tira,
más me tira el corazón   905
la nueva Sión, que pisa
en vez de colunas siete,
de siete montes las cimas,
donde, la Fe protestando,
perdón a la Iglesia pida   910
al ver que la abjuración
con ella me reconcilia
cuando en su mesa...

(Sale la Herejía, de gala.)

Herejía   ¿Qué mesa?

Cristina   ¿Quién eres, oh tú que habitas
               de mis retiros la estancia, 915
               sin que antes licencia pidas?

Herejía   ¿No me conoces?

Cristina   No sé,
               que titubeada la vista,
               porque tu horrible semblante
               la turba y la atemoriza,   920
               aunque te ha visto otras veces
               por ahora no determina
               bien quién seas.

Herejía	No me espanto	
	que cuando ciega me miras,	
	no me conozcas, habiendo	925
	vivido en tu compañía	
	tantos años.	
Cristina	Pues, ¿quién eres?	
	que aunque real te significas,	
	interior guerra en el pecho	
	mis sentidos amotina	930
	después que te vi; las dudas	
	que en él padezco lo digan	
	revolviendo en mi memoria,	
	moviendo en mi fantasía	
	mal formado embrión de todos	935
	los sucesos de mi vida.	
Herejía	¿Qué mucho, si soy a quien	
	la heresis, (que el griego explica:	
	contrariedad de opiniones),	
	le dio el nombre de Herejía,	940
	que civilmente interior	
	con tus aFectos te embista?	
Cristina	Pues si eres de quien deseo	
	huir, ideténte, no me sigas!	
Herejía	Antes, porque huir deseas,	945
	es tu rémora mi ira.	
	¿Dónde vas?	
Cristina	Soy convidada	
	a un real banquete.	

Herejía	¿Y no miras que pocos en fiesta empiezan que no acaben en desdicha?
Cristina	Engáñaste, que antes son efectos de la alegría, de la unión y de la paz.
Herejía	La experiencia te lo diga. El primer convite fue de una manzana nociva que avenenada dejó de Adán toda la familia.
Cristina	Por eso resultó de él que Cristo encarne en tan limpia madre, y que de ese veneno su sangre al mundo redima.
Herejía	Sobre los hijos de Job un banquete fue la ruina.
Cristina	Por eso, Dios su paciencia premió con dobladas dichas.
Herejía	El convite de Jacob del mayorazgo a Esaú priva.
Cristina	Por eso Jacob fue dueño de la Raquel más divina.
Herejía	Al pueblo previrtió el ciego banquete de los moabitas.

950

955

960

965

970

Cristina	Por eso el blanco maná todo el mal sabor le quita.
Herejía	El convite de Absalón fue de Amón el fratricida.	975
Cristina	Por eso Salomón fue quien a Dios templo fabrica.
Herejía	El repudio de Vastí fue de Asuero en la comida.	980
Cristina	Por eso le sucedió que a la hermosa Ester elija.
Herejía	El banquete de Ester, luego la horca para Amán aplica.
Cristina	Por eso el cautivo pueblo de sus rencores se libra.	985
Herejía	De Baltasar la cena hizo que un dedo su muerte escriba.
Cristina	Por eso Daniel, proFeta de Dios, quedó en más estima.	990
Herejía	Al Bautista dio la muerte el convite de Herodías.
Cristina	Por eso, canonizado de mártir quedó el Bautista.
Herejía	La cena a que vas, costó	995

	azotes, clavos y espinas.	
Cristina	Por eso resultó de ella que en la pura, tersa y pía mesa del pan a que voy, Cristo triunFe, reine y viva.	1000
Herejía	¿Qué importa, si es pan de muerte?	
Cristina	¿Qué importa, si es pan de vida?	
Herejía	Por más que me digas sabia...	
Cristina	Por más que ciego me digas...	
Herejía	En fin, ninguno hay sin pena.	1005
Cristina	En fin, ninguno hay sin dicha.	
Herejía	Tú lo verás, cuando de una corona desposeída, su soledad toque al arma.	
Cristina	¿No sabré yo prevenirla, lugar adónde ponerla, en que me haga compañía más que soledad?	1010
Herejía	¿Adónde?	
Cristina	A las plantas de María, si es tal mi dicha, que puerto toma en Loreto mi dicha.	1015

Herejía	Primero diré yo a voces
	tu intento; mas ¿quién me priva
	de aliento, y del pecho al labio
	la respiración me quita? 1020
	¡Suecos nobles, nobles godos,
	Cristina (¡ay de mí!), Cristina...!
	Hablar no puedo.
Cristina	¿Qué mucho
	que quien la frente te pisa
	para que no abras la boca 1025
	a morder, hablar te impida?
Herejía	¡Qué importa, que en vez de hablar
	llore, en vez de alentar, gima,
	si soy, aunque gima y llore,
	aquella troncada hidra 1030
	sobre quien mortal veneno
	en copa dorada brinda
	la herejía a los mortales!
	Y haré que esta copa mía
	sobre la mesa se vierta, 1035
	manchando al mantel la riza
	nieve de su puridad.
Cristina	No podrás, que es infinita.
Herejía	Infinito es mi dolor.
Cristina	Eterna es.
Herejía	También mi envidia. 1040
Cristina	Inmortal es.

46

Herejía	Y mi pena.
Cristina	Durable es.
Herejía	Y mi desdicha.
Cristina	Allá lo verán mis gozos.
Herejía	Y allá lo dirán mis iras.

(Vanse. Sale la Sabiduría.)

Sabiduría	Aunque yo nada dudar	1045
	puedo, porque lo veo todo,	
	puedo, hablando humano modo,	
	ajustarme a preguntar,	
	bien como Dios, que sabía	
	donde Adán oculto estaba,	1050
	y en Fe de que le buscaba,	
	«¿Dónde estás, Adán?» decía.	
	Así yo, en explicación	
	de un concepto, bien podré	
	a la Oración y a la Fe,	1055
	Penitencia y Religión	
	preguntar, pues con alado	
	espíritu han discurrido,	
	quién mi banquete ha admitido	
	y quién me le ha despreciado.	1060
	¡Ah de Asia, a quien nombre dan	
	de fértil por excelencia!	
	¿Cómo va de Penitencia?	

(Sale la Penitencia, llorando.)

Penitencia	Mis lágrimas lo dirán.

Sabiduría	¿Llorando vuelves?

Penitencia	Quien vuelve	1065
	no solamente admitida	
	pero tan mal respondida	
	de quien cruel se resuelve	
	a no escucharme jamás,	
	ciego en su primero abismo,	1070
	¿qué ha de hacer? El Judaísmo,	
	en fin, a quien parte das	
	de tus piedades, aunque	
	hoy mísero y fugitivo,	
	en el Asia más cautivo	1075
	que en Babilonia se ve,	
	pues sin casa, domicilio,	
	ni sinagoga, su estrago	
	llora vil, prófugo y vago,	
	desprecio hace de tu auxilio,	1080
	tanto, que de mí llamado,	
	sin llegar a conocerme	
	ni hablarme quiso ni verme.	

Sabiduría	¡Oh pueblo siempre obstinado!	
	Consuelo en tu error me dé	1085
	ver si otro mejor se aplica.	
	¡Ah de América la rica!	
	¿Cómo le va en ti a la Fe?	

(Canta dentro la Fe.)

Fe (Dentro.)	¡Viva en la Gentilidad

	la Fe victoriosa!	
Músicos	¡Viva!	1090

(Salen cantando la Fe y el Etíope.)

	Pues es por la sinagoga	
	la heredera de la viña.	
	¡La Fe viva!	
	Pues es por la sinagoga	
	la heredera de la viña.	1095
Sabiduría	¿Cantando vienes, Fe hermosa?	
Fe	Sí, pues traigo a quien deseas.	
Sabiduría	¿Qué hay de América?	
Etíope	Que veas	
	cuán Felizmente piadosa	
	tu Fe admite, pues te envía	1100
	para tu Festividad	
	en mí a la Gentilidad,	
	convidada desde el día	
	que de Felipe ilustrada	
	a Etiopía se volvió	1105
	de donde después pasó	
	a América. Y porque nada	
	a su celo se anticipe,	
	para crédito de que	
	ya es vasalla de la Fe,	1110
	siendo su dueño Felipe,	
	viene a hallarse en tu banquete,	
	diciendo alegre y Festiva:	

Músicos	¡La Fe viva!
	pues es por la sinagoga 1115
	heredera de la viña.
Sabiduría	Vengas muy enhorabuena.
	Penitencia, la nupcial
	ropa le da, pues leal
	viene a sentarse en mi cena. 1120
	¡Ah del ífrica arrogante!
	Sepa como en tu región
	su eFecto hace mi Oración.

(Sale la Oración, llorando.)

Oración	Dígatelo mi semblante,
	que aunque lloroso, pudiera 1125
	ser Feliz; no lo es ahora,
	pues no Fervoroso llora,
	sino oFendido. Tan fiera
	es la Secta a que me envías,
	y tan de la parte están 1130
	hoy todos de su Alcorán,
	que no oyen las voces mías.
Sabiduría	¡Ah de Europa hermosa y bella!
	¿Cómo en tu septentrión
	lo pasa mi Religión 1135
	Católica? ¿Son en ella
	oídos mis auxilios? ¡Di!

(Canta dentro voz triste.)

No.

(Canta dentro voz alegre.)

        Sí.

Sabiduría   Eso no entiendo yo.
                ¿Despreciáronlos?

(Canta dentro voz triste.)

        Sí.

(Canta dentro voz alegre.)

        No.

Sabiduría   ¿Admitiéronlos?

(Voz triste.)   No.
(Voz alegre.)   Sí.   1140

Sabiduría   ¿Qué quieren a mis sentidos
                decir el no y sí mezclados?

Músicos   Que son muchos los llamados,
                y pocos los escogidos.

(Sale la Religión.)

Religión   Y así de unos admitida,   1145
                y de otros despreciada,
                bien que en una parte alegre,
                vuelvo, Señora, a tus plantas.

Sabiduría	¿Cómo?
Religión	Como ya Cristina

Religión   Como ya Cristina
(tú lo dijiste) a quien falta   1150
una letra para ser
perFectamente cristiana,
siendo Alfa la letra, viene,
buscando a Dios a buscarla.
En la embajada del Rey   1155
del Héspero disfrazada,
me introduje entre los dos
Brazos que tu ley ensalzan:
el Político Seglar,
que ciñe la roja espada,   1160
y el Eclesiástico, que
empuña la oliva blanda.
Habléla, y admitió el convite,
y porque a buscarme salga
fuera de su patria, hube   1165
de salir yo de su patria.
Ella, pues, sin mí y conmigo,
representando las causas
de la oposición que tiene,
por natural repugnancia   1170
a casarse, dejó el reino,
y eligiendo para estancia
una isla con los dos
polos de la Fe se embarca.
Apenas en alto mar   1175
vio la nave, cuando manda
poner en cristianos puertos
la proa, con dicha tanta,
(mas, ¿qué mucho, si del austro
sus velas inspira el aura?)   1180

que con favorable rumbo
tomó puerto en Alemania.
Dejo de contar aquí
por extenso sus jornadas,
que habiendo de quedar corta,   1185
no es bien que parezca larga,
y a Inspurg voy, del Archiduque
de Tirol, corte. Bastaba
ser para admitirla en ella,
católico ramo de Austria.   1190
Aquí con solemne pompa
(ya la máscara quitada
al Eclesiástico Brazo,
con el hábito y la capa
que del mastín de la Iglesia   1195
son colores negra y blanca).
Misa oyó en público, y luego
la Fe protestando, pasa
de Flandes a los confines
y tocando los de Italia,   1200
la corona que traía
de diamantes, reservada
para este fin, en Loreto
puso de María a las plantas.
Y aunque desde aquí quisiera   1205
ir al cariño de España
a quien debió los alientos,
en Fe de sus confianzas,
por hallarse en tu convite
viene primero a tu casa,   1210
(¡oh eterna Sabiduría!)
viendo que sus torres altas
de los siete sacramentos
en las colunas descansan,

donde más públicamente   1215
la Fe protestar aguarda,
cuyo gran recibimiento
representado en la clara
luz alegórica, el mundo
en sombras verá...

Sabiduría   Te engañas,   1220
que si es la Sabiduría
Cristo, y vice-Cristo el Papa,
luces verá, que no sombras,
pues sale él como yo salga.
Y así la carroza mía   1225
(de quien allá David habla,
cuando dice, que es Selmón
monte donde Dios descansa;
en ella le vio aquel día,
que lleno de fiesta y gala,   1230
multiplicados querubes
«¡Santo!» al estribo le cantan)
para que a mis montes llegue,
al punto por ella vayan,
que yo en el carro triunfal,   1235
que es escabel de sus plantas,
saldré a recibirla. En tanto,
vosotras, para que haya
más fiesta en mi mesa, viendo
cuando una reina la gana   1240
que un esclavo no la pierde,
y que es igual la vianda
al rico y al pobre, ya que
Sinagoga y Secta faltan,
convidad por los caminos   1245
cuantos peregrinos pasan.

	Y tú, Penitencia, a todos	
	como aquí llegando vayan,	
	ve dando nupciales ropas,	
	porque no ha de haber sentada	1250
	persona a mi mesa que	
	cándida veste no traiga.	
Fe	Todas te obedeceremos.	
Sabiduría	Pues para más alabanza	
	de una constante mujer,	1255
	ya que a mí un lugar me ensalza	
	de los Proverbios, a ella	
	otro ensalce. Vuestras altas	
	voces traduzcan aquel	
	que preguntando, repara	1260
	«¿Quién hallará mujer fuerte?»	

(Vase.)

Religión	Haremos lo que nos mandas.	

(Vanse.)

Penitencia	Y yo de gala hoy a todos	
	vestiré, y así tú, sabia	
	Gentilidad, que estudiaste	1265
	en la Causa de las Causas	
	la mejor filosofía,	
	ven por la tuya.	

(Sale la Herejía, de peregrino.)

Etíope	Repara	

en que un peregrino llega,
por si también has de darla,   1270
que se venga con nosotros.

Penitencia   Por delante de mí pasa
                  sin hacer caso de mí;
                  no me busca. ¡Ven! ¿Qué aguardas?

Etíope   Pues ¿cómo aquí te le dejas?   1275

Penitencia   ¿Por qué el dejármele extrañas?

Etíope   Que no se siente a la mesa
                  (supuesto que del Alcázar
                  ha pasado los umbrales),
                  sin la vestidura blanca.   1280

Penitencia   A quien no llega a pedirla,
                  mal la Penitencia darla
                  puede.

Etíope   ¿Y si te engaña?

Penitencia   A mí
                  no puede engañarme en nada,
                  porque el que sin Penitencia   1285
                  se sienta a esta mesa es clara
                  cosa que no engaña a otro
                  porque a sí solo se engaña.

(Vanse los dos.)

Herejía   Fortuna, ya que dos veces
                  peregrino, mis desgracias   1290

de mar y tierra me traen
derrotado a estas montañas,
sea para dar alguna
siquiera alivio a mis ansias.
Mas, ¡ay, infeliz! ¿Qué alivio   1295
pueden ya tener mis ansias,
si esperanza de tenerle
aún no tiene mi esperanza?
Si ya no es (pues las Virtudes
a los pasajeros llaman)   1300
hipócritamente entre ellos
introducir mi venganza,
profanando de esta mesa
la prevenida vianda,
cuando en desprecio del pan   1305
y el vino llegue a robarla,
sacrílegamente osado,
no más que por ultrajarla,
que no será la primera
vez que vean sus sagradas   1310
reliquias, para este fin,
que de sus custodias faltan.
Mas, ¡ay, infelice, otra
y otras mil veces! que aunque haya
de robarlas mi osadía,   1315
no es más lo que de ellos saca
que despertarles la Fe
en su mayor alabanza.
(Las chirimías.)   Y más día que ya a vista
de este soberano alcázar   1320
la Alegoría y la Historia
tan una de otra se enlazan,
que en metáfora Cristina
llega ya de convidada

	al prevenido banquete	1325
	donde la mesa la aguarda.	
	En la carroza (¡ay de mí!)	
	viene de quien David habla,	
	a tiempo que en el triunfal	
	plaustro que Isaías señala,	1330
	la eterna Sabiduría,	
	en sus sienes la tiara,	
	en metáfora también	
	del vice-Dios, va a buscarla,	
	de una parte acompañando	1335
	al triunfo, oliva y espada,	
	dando a entender como viene	
	a la protección de España,	
	y de otra, las Virtudes	
	porque lugar a lugar	1340
	y Gentilidad, con blancas	
	túnicas todas y todos,	
	diciendo entre voces varias,	
	de los Proverbios se añada:	
(Una voz.)	«¿Quién hallará mujer fuerte?»	1345

Todos y Músicos	Quien advierte	
	que hay quien noblemente pía	
	tantas dichas se previene,	
	que de los fines más últimos viene	
	buscando Feliz a la Sabiduría.	1350

(Suenan las chirimías y dan vueltas a un tiempo los dos carros; en el uno viene la Sabiduría con tiara, manto imperial, y la cruz de tres cruces en la mano; y en el otro, Cristina, con corona de laurel y manto imperial. Del primer carro salen las Virtudes y la Gentilidad, todos con túnicas de velillos blancos y flores de nácar; y del segundo, el Brazo Seglar, con el estoque al hombro.

Y el Eclesiástico, con vestido blanco y manto negro y la oliva levantada. Dan vuelta, y parando los carros, representan.)

Cristina	¡Salve, Alcázar de Dios! ¡Salve triunfante
	Fábrica Militante
	que para sí la gran Sabiduría
	labró desde el primer día sin día!
	Salve otra vez, y admite
	a la unión de tu espléndido convite
	un aFecto que impulsos celestiales,
	no sin auxilio, traen a tus umbrales,
	diciendo al verte:

1355

Cristina
¡Salve, Alcázar de Dios! ¡Salve triunfante
Fábrica Militante
que para sí la gran Sabiduría
labró desde el primer día sin día!
Salve otra vez, y admite   1355
a la unión de tu espléndido convite
un aFecto que impulsos celestiales,
no sin auxilio, traen a tus umbrales,
diciendo al verte:

Músicos
¿Quién hallará mujer fuerte?   1360

Sabiduría
¡Salve, Reina Feliz! que coronada
del vencedor laurel, serlo blasonas,
tanto que apenas de una despojada
te ves, cuando con tres tu triunfo abonas,
pues reina y fiel y sabia te coronas.   1365
¡Salve, otra vez! y venturosa vengas,
donde en mi gremio tu hospedaje tengas
diciendo al verte:

Músicos
¿Quién hallará mujer fuerte?

Cristina
¡Oh tú, Esposa Divina   1370
del más amante Esposo!

(Bajando las dos de los carros.)

Sabiduría
¡Oh tú, del más dichoso,
huéspeda peregrina!

Cristina	Felice quien camina al puerto de tus plantas.	1375

Sabiduría	Felice quien de tantas dichas, bella Cristina, cumplidos ve los plazos.

(En el tablado, besa el suelo, y abrázanse.)

Cristina	Dame a besar el pie.	
Sabiduría	Llega a mis Brazos...	1380
Cristina	Diciendo al adorarte...	
Sabiduría	Diciendo al conocerte...	

Músicos	¿Quién hallará mujer fuerte? Quien advierte que hay quien noblemente pía tantas dichas se previene, que de los fines más últimos viene buscando Feliz a la Sabiduría.	1385

Fe	¡Qué dicha!
Seglar	¡Qué ventura!
Religión	¡Qué contento!
Eclesiástico	¡Qué amor!
Penitencia	¡Qué paz!

Gentilidad	¡Qué gozo!
Herejía	¡Qué tormento! 1390
Sabiduría	Mucho es mi gozo.
Cristina	Aunque mi dicha es mucha, puedo hacerla mayor.
Sabiduría	Di, ¿cómo?
Cristina	Escucha. Yo, Cristina Adolfo, Reina de Suecia y Gocia, rama de aquel generoso tronco 1395 que siglos y edades largas dio tantos héroes al mundo, y tantos reyes a España, cuyas cenizas conservan hasta hoy Recisundo y Vamba, 1400 yo, Cristina Adolfo, que delincuente voluntaria presente parezco ante tu justicia soberana, para sentarme más digna 1405 a tu mesa con la blanca veste que la Penitencia para mi persona guarda: primeramente delato de mí misma, en confianza 1410 de que tu misericordia piadosamente me valga, y confieso convencida en la criminal probanza

que el fiscal de mi conciencia   1415
conclusa tiene en mi causa,
que es verdad que, miserable,
incurrí con ignorancia
en el heredado error
de Lutero, cuya falsa   1420
doctrina seguí los años
de mi edad, y dando gracias
al cielo de que me diese
la luz verdadera y clara
de su Religión, que es   1425
la Católica Romana,
abjuro, anatematizo,
y detesto mi pasada
vida y religión, jurando
vehementemente dejarla;   1430
y no solo no volver
a sus ceguedades vanas
en público ni en secreto,
mas, sometida a la Sacra
Sede Apostólica, y   1435
a la severidad sacra
de sus cánones, segunda
y tercera vez postrada,
abjuro, anatematizo
y detesto sus instancias   1440
en obediencia del que hoy
ciñe la sacra tiara,
y adelante la ciñere,
a cuyas piadosas plantas
desde ahora para entonces   1445
pido con vida y con alma
saludable medicina,
con absolución de cuantas

culpas tuve, en especial
de aquella de que acusada   1450
más vehementemente estoy,
pues como sacramentaria
hereje formal, confieso
el haber negado, ingrata,
a tan alto beneficio   1455
de Dios, a merced tan alta,
la Real Asistencia que
tiene en la pura, la blanca
hostia del altar, adonde
en virtud de las palabras,   1460
real y verdaderamente
le creo en cuerpo y en alma,
bien como en alma y en cuerpo
está en el cielo, dejadas
las especies en el pan   1465
y huida del pan la substancia,
siendo carne y sangre, en cuyo
gran sacramento se engañan
tacto, vista, olfato y gusto,
y solo el oído halla   1470
la verdad por el oído
cautivo (a la Fe las gracias)
el entendimiento, cuya
potencia, bien que sea esclava,
religiosamente libre   1475
y libremente espontánea,
a las llaves de la Iglesia
sujeta hoy, como vasalla
de su imperio, la que ayer
era reina de su patria.   1480

(Envaina la espada el Brazo Seglar; la Sabiduría toma la oliva y la toca con ella.)

Sabiduría	Ya con esa abjuración
	que entre la oliva y la espada
	has hecho, la paz te toque,
	pues la justicia se envaina.

Sabiduría
Ya con esa abjuración
que entre la oliva y la espada
has hecho, la paz te toque,
pues la justicia se envaina.

Seglar
Por España nos tocó   1485
el venir a acompañarla.

Eclesiástico
Y bien se ve, pues no pudo
darla otro reino estas armas.

Herejía
Con la vara la ha tocado
en el hombro: ¡Oh ira! ¡Oh rabia!   1490
¿Cómo sufres verla absuelta
con Penitencia tan blanda?

Cristina
Sujeta al piadoso golpe,
otra vez beso tus plantas
y te pido que confirmes   1495
la protestación pasada.

Sabiduría
En la conFesión que has hecho,
yo te confirmo; levanta.

Herejía
Cariñosamente puesta
la mano (¡ay de mí) en la cara,   1500
la llega al pecho porque
no falte esa circunstancia,
cuando no solo la deja
absuelta, mas confirmada.

Sabiduría	Penitencia la nupcial ropa la trae, y a adornarla lleguen todas las Virtudes.	1505

(Saca la túnica blanca la Penitencia.)

Fe	La Fe pone al Sol el alba.	

(Pónesela la Fe.)

Penitencia	La Penitencia la ciñe.	

(Cíñesela.)

Oración	La Oración la da la Gracia.	1510

(Compónesela.)

Religión	Y la Religión la lleva a la mesa que la aguarda.	
Sabiduría	Ven, Gentilidad también, y vosotras; pues sentadas las Virtudes han de estar para esta cena, entre ambas.	1515
Etíope	Gentilidad y Herejía, si llegas a ver con cuánta piedad te admite la Iglesia siempre que llegas, ¿qué aguardas?	1520
Cristina	¡Qué Felicidad!	
Herejía	¡Qué ira!	

Sabiduría	Todas id a acompañarla.	
Religión	Todas iremos, señora, cantando tus alabanzas.	
Sabiduría	Cantad hoy las de Cristina, que son las que más me ensalzan.	1525
Todos	¿Quién hallará mujer fuerte? Quien advierte que hay quien noblemente pía tantas dichas se previene que de los fines más últimos viene buscando Feliz a la Sabiduría.	1530

(Éntranse con majestad al carro de la mesa.)

| Herejía | Que de lo oculto la Iglesia
no juzga, fue la palabra
primera que la oí. Y pues
lo que mi pecho recata
no juzga bien, entre todos
me mezcle esta confianza
para llegar a la mesa
a profanar sus viandas. | 1535

1540 |

(Vase con ellos.)

Eclesiástico	Feliz es para los dos el día.	
Seglar	Y para ti, que alcanzas todos los misterios, más.	

Eclesiástico	¿Pues cuál de entender te falta?	
Seglar	Seglar Brazo soy, y así	1545
	disculpa mis ignorancias.	
	¿Cómo la Sabiduría	
	aquí es la de la tiara?	
Eclesiástico	Como a Cristo representa	
	dondequiera que se halla,	1550
	porque él la Sabiduría	
	es, y así evidencia es clara	
	que si el mismo Cristo es ella,	
	y es el vice-Cristo el Papa,	
	que ella en esta alegoría	1555
	entrambos papeles haga.	
Seglar	Y ¿el confirmarla, que ha sido,	
	primero que bautizarla?	
Eclesiástico	A no estarlo ya, no fuera	
	hereje sino pagana,	1560
	porque el hereje es un nervio	
	cancerado que se aparta	
	porque el cuerpo no inficione,	
	pero no porque no haya	
	recibido en el bautismo	1565
	el sacramento.	
Todos	Oye, aguarda;	
	si el sacramento recibe,	
	la Gracia de él, ¿cómo falta?	
Eclesiástico	Como Sacramento es una	

cosa, y otra...

Seglar	Di, ¿qué aguardas?	1570

Eclesiástico	La Gracia del sacramento	
	bien como, si uno llegara	
	a comulgar en pecado,	
	pues comulgado quedara	
	sacramentalmente, pero	1575
	en culpa; conque alcanzara	
	el sacramento, mas no	
	del sacramento la Gracia.	
	Y esto mismo es el bautismo.	

Seglar	Prosiguiera en tu enseñanza	1580
	si la música y la mesa	
	la atención no arrebataran	
	a mis sentidos.	

Eclesiástico	Atiende,
	escuchemos lo que cantan.

(Chirimías. Ábrese el carro de la mesa, sentadas en la frente la Sabiduría y Cristina. Luego, a un lado y a otro, las Virtudes y los últimos, de una parte la Gentilidad, de otra la Herejía; ha de haber en medio de la mesa un cordero.)

Voz	Pan del cielo preveniste.	1585

Todos	¡Alegría!

Voz	¡Oh eterna Sabiduría,
	en cuya Fe al hombre diste
	todo el consuelo en un día!

Todos	¡Alegría!	
Sabiduría	Este es de Abel el Cordero,	1590
	ofrecido en la pasada	
	ley natural, y en la escrita,	
	el legal que se cenaba	
	allá en el parascevé	
	con las lechugas amargas	1595
	de la Penitencia; pero	
	ahora en la Ley de Gracia	
	es el que sacramentado	
	está en tersa forma blanca.	

(Vuelve el Cordero, y se ve el sacramento.)

Todos	A tan alto sacramento	1600
	venere el mundo rendido,	
	y el antiguo documento	
	ceda al Nuevo Testamento,	
	supliendo la Fe al sentido.	
Herejía	Mientras su alabanza todos	1605
	tan alegremente cantan,	
	he de alcanzarle yo, haciendo	
	ultraje de la alabanza.	
Voz	Pan del cielo preveniste.	
Todos	¡Alegría!	1610
Sabiduría	Esperad, no prosigáis;	
	¿quién es aquél, que con tanta	
	osadía, sin traer	
	la nupcial veste, adelanta	

	la mano al plato conmigo?	1615
Herejía	¡Aliento y vida me faltan!	
Sabiduría	¿Quién eres?	
Herejía	No sé quién soy.	
Cristina	Yo, como ladrón de casa le conozco; la Herejía sacramental es.	
Sabiduría	Levanta, bárbaro, atrevido, loco, de mi mesa.	1620
Eclesiástico	Espera, aguarda que yo le levantaré, pues las sacrílegas causas tuyas me tocan. Di, ¿cómo en esta mesa te hallas, vil apóstata, sin que te pongan miedo estas armas?	1625
Herejía	Ya las conozco y las temo.	
Eclesiástico	¡Pues deja la mesa y baja de ella despeñado!	1630
Herejía	¿Dónde voy a parar?	
Seglar	A mis plantas; y pues al Brazo Seglar	

	del Eclesiástico pasas,	
	sin ensangrentar su oliva,	1635
	en ti teñiré mi espada.	

Herejía   No me da la muerte ella
               tanto, no, como mi rabia
               al ver que cuando yo muero
               queda Cristina sentada   1640
               con la gran Sabiduría
               en compañía (¡qué ansia!)
               de la Fe y la Religión
               Católica, acompañada
               de Oración y Penitencia   1645
               para que aquella vianda
               del sacramento la entre
               en mayor provecho. ¡Oh, abra
               sus gargantas el abismo
               y ocúlteme en sus entrañas   1650
               para que yo no lo vea!

Cristina   Pues si ésa es su mayor saña,
               para aumentársela, todos
               proseguid sus alabanzas.

Sabiduría   A cuyo compás, pues ya...   1655

Eclesiástico   Queda la virtud premiada...

Fe   Y castigado el delito...

Seglar   Conque cumplido se halla...

Religión   El lugar de los Proverbios...

Etíope	Viendo entre dos luces claras...	1660
Oración	La Historia y la Alegoría...	
Penitencia	Digamos todas ufanas...	
Cristina	Después que hayamos pedido el perdón de nuestras faltas...	
Todos	A tan grande sacramento venere el mundo rendido, y el antiguo documento ceda al Nuevo Testamento, supliendo la Fe al sentido.	1665

Si quid dictum contra fidem et bonos mores quasi non dictis et omnia
sub correctione.

Don P. Calderón de la Barca.

Libros a la carta

A la carta es un servicio especializado para
empresas,
librerías,
bibliotecas,
editoriales
y centros de enseñanza;
y permite confeccionar libros que, por su formato y concepción, sirven a los propósitos más específicos de estas instituciones.

Las empresas nos encargan ediciones personalizadas para marketing editorial o para regalos institucionales. Y los interesados solicitan, a título personal, ediciones antiguas, o no disponibles en el mercado; y las acompañan con notas y comentarios críticos.

Las ediciones tienen como apoyo un libro de estilo con todo tipo de referencias sobre los criterios de tratamiento tipográfico aplicados a nuestros libros que puede ser consultado en Linkgua-ediciones.com.

Linkgua edita por encargo diferentes versiones de una misma obra con distintos tratamientos ortotipográficos (actualizaciones de carácter divulgativo de un clásico, o versiones estrictamente fieles a la edición original de referencia).

Este servicio de ediciones a la carta le permitirá, si usted se dedica a la enseñanza, tener una forma de hacer pública su interpretación de un texto y, sobre una versión digitalizada «base», usted podrá introducir interpretaciones del texto fuente. Es un tópico que los profesores denuncien en clase los desmanes de una edición, o vayan comentando errores de interpretación de un texto y esta es una solución útil a esa necesidad del mundo académico.

Asimismo publicamos de manera sistemática, en un mismo catálogo, tesis doctorales y actas de congresos académicos, que son distribuidas a través de nuestra Web.

El servicio de «libros a la carta» funciona de dos formas.

1. Tenemos un fondo de libros digitalizados que usted puede personalizar en tiradas de al menos cinco ejemplares. Estas personalizaciones pueden ser de todo tipo: añadir notas de clase para uso de un grupo de estudiantes,

introducir logos corporativos para uso con fines de marketing empresarial, etc. etc.

2. Buscamos libros descatalogados de otras editoriales y los reeditamos en tiradas cortas a petición de un cliente.